# INDICE

### CAPITOLO I
### IL PRINCIPIO DI LEGALITÀ

### CAPITOLO II
### LA REPRESSIONE CRIMINALE NEL DIRITTO PUBBLICO
### ROMANO

# Abbreviazioni

D.: *Digesta Iustiniani*

E.D: Enciclopedia del diritto (Milano)

*Index*: Quaderni camerti di studi romanistica (Napoli)

*Iura*: Rivista internazionale di diritto romano e antico (Napoli)

*Labeo*: Rassegna di diritto romano (Napoli)

*NNDI*: Novissimo digesto italiano (Torino)

*SDHI*: *Studia et documenta historiae et iuris* (Roma)

# Introduzione

L'obiettivo di questo studio è quello di tracciare, sia pur sinteticamente, l'evoluzione del principio di legalità dall'esperienza giuridica romana ai nostri giorni.

Attualmente, il principio in esame consiste nell'impossibilità di punire un soggetto senza che una previsione normativa ne preveda la punibilità della fattispecie (Art. 25 Cost.; artt 1, 199 c.p.; art. 14 d.gen.)

In dottrina il principio di legalità viene comunemente sintetizzato con l'espressione *nullum crimen sine lege*.

È curioso osservare come tale formulazione, nonostante l'espressione latina, non risalga all'esperienza giuridica romana, ma sia frutto dell'elaborazione scientifica del penalista Feuerbach,[1] (1775-1853). Infatti, nell'esperienza giuridica romana non è possibile ritrovare il principio di legalità così come oggi viene interpretato ed applicato. Come vedremo, mentre vi era una previsione normativa tassativa per quanto riguarda la procedura penale, non può dirsi ugualmente per quanto riguarda il diritto penale sostanziale,[2] cioè quella parte del diritto penale che attiene alla previsione dei singoli reati. Pur essendoci la previsione di taluni reati, il magistrato poteva

---

[1] Anselm Ritter von Feuerbach, nacque a Hainichen nel 1775. Fu il fondatore, in Germania, della scienza moderna del diritto penale. Nel 1805 divenne componente del Dipartimento di Giustizia e polizia a Monaco, introdusse il codice penale bavarese ed abolì la pena di morte. Morì a Francoforte sul Meno nel 1853. Per altre informazioni vedi F. K. DIETHARDT, *s.v Anselm Ritter (von) Feuerbach,* in *NNDI* VII (1965), 267.

[2] CERAMI-CORBINO-METRO-PURPURA, *Ordinamento costituzionale e produzione del diritto in Roma antica*, Napoli 2001, 236 ss.

anche andare al di là delle figure delittuose previste esercitando la propria *coercitio*.

Poiché il principio di legalità, sia pure esclusivamente dal punto di vista processualistico, nel diritto romano trova la sua massima applicazione durante la *libera res publica* (509-27 a.C.), il nostro percorso sarà focalizzato in tale periodo storico,[3] prestando maggiore attenzione all'istituzione delle *quaestiones perpetuae*, in quanto rappresentano il punto di maggiore contatto dell'ordinamento romano al moderno istituto del principio di legalità.

In particolare, si procederà trattando il principio di legalità così come oggi viene inteso nei sistemi giuridici occidentali, e nel nostro sistema in modo specifico, nel diritto internazionale, nei sistemi giuridici dei Paesi dell'ex blocco sovietico e della Germania del 1935-45, per poi affrontarlo nell'esperienza giuridica romana, dimostrando come l'essenza di tale principio sia di recente applicazione. Si vedrà, infatti, come il principio in esame sia riconducibile al pensiero illuministico,[4] nato per vincolare il potere statale, e quello del giudice in particolare, alla legge. Il divieto di applicazione analogica, fu formulato per la prima volta nel codice austriaco emanato da Giuseppe II nel 1787, diventando successivamente conquista comune in quanto consacrato negli artt. 7 e 8 della Dichiarazione dell'uomo e del cittadino adottata dall'assemblea nazionale costituente il 26 agosto 1789.[5]

---

[3] G. VASSALLI, *s.v. Nullum crimen sine lege*, in *NNDI* 11 (1965), 497.

[4] P. G. GRASSO, *Il principio del nullum crimen sine lege nella costituzione italiana*, Milano 1972, 1.

[5] L'art. 7 della Dichiarazione dell'uomo e del cittadino stabilisce che: "Nessun uomo può essere accusato, arrestato o detenuto se non nei casi determinati dalla legge, e secondo le forme da essa prescritte. Quelli che sollecitano, emettono, eseguono o fanno eseguire ordini arbitrari, devono essere puniti; ma ogni cittadino,

# CAPITOLO I

## IL PRINCIPIO DI LEGALITÀ

### 1. Il principio di legalità nell'ordinamento italiano

Nel nostro ordinamento giuridico vige il principio di legalità, per cui l'unica fonte del diritto penale è il diritto positivo.[6] Tale principio trova la sua massima applicazione nel diritto penale, ed è collegato strettamente alla sua tipicità,[7] cioè alla previsione normativa delle azioni od omissioni punibili penalmente.

Il principio di legalità informa, come detto, il nostro ordinamento giuridico. Si tratta di un principio cardine, che nell'accezione più estensiva interessa anche altri campi del diritto, poiché è uno dei principi costituzionali applicabili alla Pubblica

---

[6] F. ANTOLISEI, *Manuale di diritto penale*[16], Milano 2003, 72.
[7] G. VASSALLI, *s.v. Nullum crimen sine lege*, cit., 495 s.

amministrazione,[8] che mira ad assoggettare l'amministrazione alla legge.[9] La legge 24 novembre 1981 n° 689, infatti, agli artt. 1 e 12 applica in modo espresso il principio in esame.[10]

Il principio di legalità può essere compendiato nell'espressione *nullum crimen sine lege*, formula coniata dal penalista Feuerbach[11] soprattutto in una prospettiva di tipo penalistico.[12] Con tale espressione si afferma l'impossibilità di punire un soggetto per una determinata azione od omissione, se essa non sia espressamente prevista dalla legge come reato. Corollari del brocardo di Feuerbach, e quindi del principio di legalità, sono il divieto di analogia, o principio di tassatività, ed il principio di determinatezza.

Con il divieto di analogia al giudice viene imposto il divieto di applicazione analogica della norma penale *in malam partem*, in quanto il divieto di analogia è temperato da quelle circostanze che limitano la

---

[8] T. MARTINES, *Diritto costituzionale*[8], Milano 1992, 420 ss.

[9] E. CASETTA, *Manuale di diritto amministrativo*[4], Milano 2002, 37 ss.

[10] La disciplina generale delle sanzioni amministrative tributarie è contenuta nel D. lgs. 18 dicembre 1997 n° 472. Nella redazione dei principi generali il legislatore del 1997 ha ripreso le norme contenute nella legge 689/1981, ma soprattutto ha avvicinato i principi degli illeciti amministrativi ai principi di diritto penale. L'esempio che maggiormente ci interessa è l'art. 3 comma primo del D. lgs. 472/1997 il quale stabilisce: "Nessuno può essere assoggettato a sanzioni se non in forza di una legge entrata in vigore prima della commissione della violazione ed esclusivamente nei casi considerati dalla legge." Come si può ben notare è analogo all'art. 1 del codice penale. L'art. 3 contiene tre principi basilari che possono così riassumersi nel seguente modo: afferma il principio di legalità, di irretroattività e di tassatività per cui è solo la legge (*nulla poena sine lege*) precedente (*nullum crimen sine previa lege poenali*) all'illecito che può comminare una sanzione e deve prevedere non solo le sanzioni, ma anche i fatti illeciti. Per altre informazioni vedi F. TESAURO, *Istituzioni di diritto tributario*[7], Torino 2000, 279 ss; L. DEL FEDERICO, *Introduzione alla riforma delle sanzioni amministrative tributarie: i principi sostanziali del D. lgs. 472/1997*, in *Riv. Dir. Trib.*, 1999, I, 107 ss.

[11] A. R. FEUERBACH, *Lehrbuch des gemeinen in Deutschland gültigen peinlichen Rechts*, 1847, § 20.

[12] G. MARINI, *s.v. Nullum crimen sine lege*, in *ED* XVIII (1978), 951.

responsabilità dell'accusato, essendo possibile un'applicazione analogica solo *in bonam partem*.

Per soddisfare il principio di determinatezza, occorre che le norme penali siano redatte nel modo più chiaro possibile e prevedano solo fatti la cui prova possa essere prodotta in giudizio.[13] Il principio di legalità non comprende solo la previsione normativa dei reati, ma anche la previsione delle relative sanzioni (*nulla poena sine lege*). Generalmente gli Stati che recepiscono il principio di legalità, accettano sia la parte relativa alle previsioni criminose (*nullum crimen sine lege*), sia quella relativa alle sanzioni (*nulla poena sine lege*).

Dal principio di legalità inteso come garanzia per il cittadino dalla discrezionalità pubblica, va tenuto distinto il c.d. legalismo, noto anche come formalismo etico.[14] Secondo questa teoria la giustizia coincide sempre con la pura e semplice conformità alla legge. Si tratta di una degenerazione del principio di legalità. Tale degenerazione si verifica dal momento in cui si comincia a considerare e ad attribuire alla legge non più un valore meramente strumentale, ma finale attribuendogli un significato di individuazione di giustizia delle azioni[15]

---

[13] G. MARINUCCI-E. DOLCINI, *Manuale di diritto penale*, Milano 2003, 38 ss.

[14] La caratteristica di questa concezione, attribuibile al giuspositivismo, è caratterizzata dal fatto che l'ordinamento sarebbe formato solo ed esclusivamente da precetti legislativi promulgati da organi centrali. Sempre secondo questa teoria, l'ordinamento sarebbe completo e privo di lacune, coerente, in quanto non presenta contraddizioni, e determinato, in quanto le sue norme sono precise. L'ordinamento sarebbe autosufficiente e in grado di fornire una risposta a qualsiasi caso. Questa teoria potrebbe essere di pericolosa applicazione, in quanto la legge giustificherebbe tutte le azioni dello Stato. Per altre informazioni vedi C. S. NINO, *Introduzione all'analisi del diritto*, Torino 1996, 31 ss.

[15] M. JORI-A. PINTORE, *Manuale di teoria generale del diritto*², Torino 1995, 104 ss.

### 1.1. Fonti del principio di legalità

Nel nostro ordinamento troviamo le fonti del principio di legalità nella Costituzione all'art. 25,[16] nel codice penale agli artt. 1 e 199, ed infine nell'art. 14 delle disposizioni sulla legge in generale.

L'art. 25 Cost. secondo comma testualmente stabilisce che "Nessuno può essere punito se non in forza di una legge che sia entrata in vigore prima del fatto commesso. Nessuno può essere sottoposto a misure di sicurezza se non nei casi previsti dalla legge".

Analogamente, ma in modo più preciso, il codice penale esprime il principio di legalità agli artt. 1 e 199. L'art. 1 c.p. riguarda le pene da infliggere a chi si sia macchiato di un reato, stabilendo che: "Nessuno può essere punito per un fatto che non sia espressamente preveduto come reato dalla legge, né con pene che non siano da essa stabilite". L'art. 199 c.p. fa riferimento alle situazioni sanzionate con le misure di sicurezza, stabilendo che: "Nessuno può essere sottoposto a misure di sicurezza che non siano stabilite dalla legge e fuori dai casi dalla legge stessa preveduti".

È importante sottolineare come gli articoli 1 e 199 c.p. abbiano un valore esegetico sull'art. 25 Cost. L'art. 25 Cost. isolatamente considerato, infatti, potrebbe essere ambiguo e, secondo alcuni,

---

[16] Interessante appare notare come l'art. 25 Cost. sia una disposizione che esprime più norme, in quanto da una parte afferma il principio di riserva assoluta di legge in materia penale e dall'altra sancisce il principio di irretroattività della legge penale. Per maggiori chiarimenti vedi R. GUASTINI, *L'interpretazione dei documenti normativi* in *Trattato di diritto civile e commerciale*, Milano 2004, 100 ss.

"difettoso",[17] in quanto sembrerebbe fare riferimento solo alla irretroattività della legge penale. Secondo altri, invece, il principio di legalità sarebbe talmente connaturato alle costituzioni moderne che in molti casi esso non viene recepito espressamente, in quanto sottinteso. In tal senso la nostra Costituzione non avrebbe recepito espressamente il principio di legalità, in quanto lo darebbe per scontato.[18] Tuttavia, coordinato con gli artt. 1 e 199 c.p., esso acquisirebbe maggiore chiarezza.[19]

Infine l'art. 14 delle disposizioni sulla legge in generale, rubricato "Applicazione delle leggi penali ed eccezionali", stabilisce che: "Le leggi penali e quelle che fanno eccezione a regole generali o ad altre leggi non si applicano oltre i casi e i tempi in esse considerati". Questa disposizione va interpretata nel senso che il giudice è limitato nella sua discrezionalità, non può integrare il diritto con l'analogia. Non può, il giudice, costituire nuove norme inespresse sulla base di norme espresse.[20]

### 1.2. Principio di legalità e riserva di legge

Di particolare complessità appare il rapporto fra principio di legalità e quello di riserva di legge. Il principio di legalità è proiettato verso il soddisfacimento di una pluralità di esigenze, che vanno dalla previsione dell'organo deputato alla produzione della norma penale, alla previsione astratta di comportamenti ritenuti dall'ordinamento

---

[17] Così A. PAGLIARO, *Principi di diritto penale. Parte generale*, Milano 2003, 38.
[18] In questo senso R. BIN-G. PITRUZZELLA, *Diritto costituzionale*, Torino 2000, 314.
[19] A. PAGLIARO, *Principi*, cit., 36.
[20] R. GUASTINI, *L'interpretazione*, cit., 193 ss.

come reato, ma soprattutto soddisfa l'esigenza del principio di certezza del diritto. Occorre, infatti, che i cittadini sappiano preventivamente se una determinata azione od omissione sia considerata dall'ordinamento come reato e quale sia la reazione che l'ordinamento giuridico riserva a tale azione o omissione. Invece la riserva di legge prende in considerazione le esigenze di garanzia legate alla produzione delle norme penali.

Le tipologie della riserva di legge, come è noto, sono due: assoluta e relativa.[21] La riserva di legge assoluta è quella che riguarda più strettamente la materia penale, ed indica che le materie coperte da tale riserva devono essere compiutamente formate dalla legge; invece nelle materie coperte da riserva di legge relativa, la legge deve disciplinare una certa materia in modo da circoscrivere la discrezionalità di chi, in una fase successiva, dovrà intervenire per l'applicazione della norma.[22] La *ratio* della riserva di legge è l'impedimento per le fonti inferiori alla legge ordinaria formale di regolare la materia penale. La riserva di legge in materia penale, intesa come competenza esclusiva del legislatore ordinario, non mira alla salvaguardia della certezza del diritto, cosa che invece persegue il principio di legalità, ma all'esigenza di garanzia del cittadino sia dal potere esecutivo, sia dal potere giudiziario.[23] In definitiva, principio di legalità e di riserva di legge hanno in comune il tratto negativo

---

[21] F. TERESI, *Le istituzioni repubblicane*, Torino 2002, 39.

[22] In realtà, ci sono anche le riserve rinforzate, le quali – com'è noto – prevedono meccanismi in cui la Costituzione, oltre a stabilire una riserva di legge, come fin qui descritta, pone anche dei limiti per il legislatore. Limiti che possono essere procedimentali o di contenuto. Sul punto v., per tutti, R. BIN-G. PITRUZZELLA, *Diritto costituzionale*, cit., 317 ss.

[23] G. FIANDACA- E. MUSCO, *Diritto penale. Parte generale*[4], Bologna 2001, 51.

dell'esclusione di taluni organi alla produzione di norme penali per incompetenza.[24]

Criticamente c'è chi sostiene che il principio in esame garantirebbe solo la "certezza" del diritto, ma non la "giustizia", in quanto quest'ultima verrebbe perseguita e raggiunta solo dal c.d. principio di legalità sostanziale o materiale. Tale concezione del principio di legalità, polemicamente, estrinseca la propria teoria nelle frasi *nullum crimen sine poena* o *nullum crimen sine iure*, mentre, in altri casi, come *nullum crimen sine iniuria*. Secondo tale teoria sostanzialistica, tutto ciò che va contro ed offende l'ordine sociale dello Stato, deve essere dichiarato reato. La teoria sostanzialistica evidenzia due corollari: sarebbero socialmente pericolose, e quindi punibili, anche le azioni od omissioni non espressamente previste dalla legge penale; viceversa, determinate azioni previste dalla legge, ma ritenute non socialmente pericolose, non sarebbero punibili.

A nostro avviso la teoria sostanzialistica è però facilmente criticabile. Il principio in esame è, infatti, un principio di tipo garantista, perché mira alla protezione dei cittadini dagli abusi del potere giurisdizionale e del potere esecutivo. Con il principio di legalità materiale verrebbe a mancare la certezza del diritto e, di conseguenza, la repressione penale potrebbe essere strumentalizzata per finalità politiche e contingenti. A tale proposito si è osservato che l'abbandono del principio di legalità formale ha sempre avuto come finalità l'ampliamento del potere discrezionale.[25]

[24] G. MARINI, *s.v. Nullum crimen sine lege*, cit., 955.
[25] F. MANTOVANI, *Diritto penale*, Padova 2001, 13 ss.

## 2. La legalità internazionale

Il principio di legalità ha una diffusione mondiale, tanto da trovare espresso riferimento nel capitolo III, dedicato ai principi generali del diritto penale adottato dalla Conferenza diplomatica delle Nazioni Unite a Roma il 17 luglio 1998, e recepito nel nostro ordinamento con la Legge n° 232 del 12 luglio 1999. L'art. 22 dello Statuto di Roma, rubricato *nullum crimen sine lege*, infatti, stabilisce che: "Una persona è penalmente responsabile in forza del presente Statuto solo se la sua condotta, nel momento in cui viene realizzata, costituisce un crimine di competenza della Corte. La definizione dei crimini è interpretata tassativamente e non può essere estesa per a n a l o g i a , nel dubbio deve essere interpretata a favore della persona che è oggetto di un'inchiesta, di azioni giudiziarie o di condanna. Il presente articolo non impedisce che un comportamento sia qualificato come crimine indipendentemente dal presente Statuto". Corollari dell'art. 22 dello Statuto sono la tassatività e il divieto di analogia, corollari cardini del principio di legalità, così come anche nel nostro ordinamento interno. Occorre però notare che l'ultimo comma dell'art. 22 dello Statuto si riserva la possibilità di qualificare come crimini comportamenti indipendentemente dallo Statuto.

L'art. 23, rubricato *nulla poena sine lege*, stabilisce che: "Una persona che è stata condannata dalla Corte può essere punita solo in conformità alle disposizioni del presente Statuto". Ma a completare il quadro è l'art. 24 dello Statuto, il quale stabilisce che: "Nessuno è penalmente responsabile in forza del presente Statuto per un comportamento precedente all'entrata in vigore dello Statuto". In tale articolo viene, dunque, espressamente sancita l'irretroattività *rationae personae* delle norme penali, così come avviene nel nostro ordinamento.

### 3. Il principio di legalità nei paesi dell'Est europeo

In altri ordinamenti il principio di legalità non ha avuto il peso che gli ordinamenti occidentali gli hanno dato.

Nei Paesi dell'Europa dell'Est, e nell'ex Unione Sovietica in particolare, il principio di legalità è stato, infatti, rifiutato, anche se formalmente mantenuto.[26] Le finalità di tipo rivoluzionario erano in netto contrasto con leggi prestabilite e con una conformità delle procedure e dei comportamenti degli organi politici, per cui la previsione dei reati era semplicemente esemplificativa, mentre l'analogia era un criterio adottato per integrare la legge per azioni non previste espressamente.[27]

Il principio di legalità venne sostituito, in una fase successiva, con un ben più debole principio di "legalità rivoluzionaria", secondo cui all'insorgere di esigenze contrastanti con la legalità formale, e quindi con il potere costituito, la stessa passava in secondo piano rispetto alle esigenze contingenti dei fini rivoluzionari.[28] In una fase più avanzata e di consolidamento del sistema si sarebbe dovuta raggiungere la c.d. "legalità socialista", cioè una fase di formalizzazione delle norme che tutti erano tenuti ad osservare.[29] Esempio tipico della teorizzazione del principio formale di legalità

---

[26] A. PAGLIARO, *Principi*, cit., 37.
[27] G. VASSALLI, *s.v. nullum crimen sine lege*, cit., 500.
[28] G. DE VERGOTTINI, *Diritto costituzionale comparato*, Padova 1993, 659.
[29] G. DE VERGOTTINI, *Diritto*, cit., 661.

socialista è dato dall'art. 4 comma primo della Costituzione dell'ex Unione Sovietica del 1977, in cui è affermato tale principio: "Lo Stato sovietico e i suoi organi agiscono sulla base della legalità socialista".

Naturalmente in tale caso ci troviamo di fronte ad un principio che è solo lontanamente paragonabile al principio di legalità degli Stati occidentali, in quanto le ampie deroghe alla legge fatte per motivi di opportunità, contrastano con le esigenze di certezza del diritto, con l'irretroattività delle norme penali e, infine, con il principio di determinatezza. Tutte specificazioni del principio di legalità, le quali mancando non si può parlare di principio di legalità così come inteso dai Paesi occidentali.

### 4. Il principio di legalità nella Germania nazionalsocialista

È opportuno a questo punto considerare come il principio di legalità fosse interpretato in Germania durante il decennio 1935-45, e cioè durante il decennio nazista.

Il codice penale tedesco anteriore al 1935 prevedeva la più ampia tutela applicando il principio *nullum crimen, nullum poena sine praevia lege poenali* sancito dal § 2 del codice penale del 1871. Con l'avvento del partito nazionalsocialista il § 2 venne riformato con la legge del 28 giugno 1935 in un'ottica di abbandono del principio di legalità, prevedendo che "È punito chi commette un fatto che la legge dichiara punibile o che è meritevole di punizione secondo il concetto fondamentale di una legge penale e secondo il sano sentimento del popolo. Se contro il fatto non trovi immediata applicazione nessuna legge penale, il fatto viene punito sulla base di quella legge il cui concetto fondamentale meglio si attaglia."

Sempre nel 1935 venne aggiunto al § 2 un § 2*a* in cui si sanciva l'applicazione della legge penale più favorevole per il reo, e un § 2*b* in cui si evidenziava in modo chiaro il carattere totalitario del regime, in quanto si stabiliva che era possibile l'accertamento alternativo contenente l'ammissione della condanna. La legge del 1935 ha avuto un'applicazione breve e coincidente con la durata del regime nazista.

Il § 2 venne abrogato il 30 giugno 1946 con la legge n° 11 della Commissione Alleata di Controllo (K.R.G.). Con tale abrogazione trovò nuovamente applicazione il precedente § 2 del 1871. L'abrogazione immediata denota l'importanza dell'istituto, in quanto fu la stessa Commissione Alleata di Controllo ad apportare le modifiche in senso garantista, senza attendere la formazione di un governo.

# Capitolo II

# LA REPRESSIONE CRIMINALE NEL DIRITTO PUBBLICO ROMANO

## 1. Le origini della repressione criminale: l'età regia

Per quanto riguarda le origini dell'amministrazione della giustizia non possiamo contare su concrete informazioni, per via dei pochi documenti pervenutici.[30] Tuttavia, facendo ricorso a fonti di informazione alternative, è possibile avere un quadro approssimativo della repressione criminale durante il *regnum* (753-509 a.C.).[31]

---

[30] B. Santalucia, *s.v. Processo penale*, in *ED* 36 (1987), 318.
[31] Per uno studio complessivo sulla repressione criminale in età regia vedi B. Santalucia, *Studi di diritto penale romano*, Roma 1994.

Caratteristica di questa fase della storia romana appare la stretta connessione fra religione e diritto. La persecuzione e la relativa punizione di un crimine rispondevano all'esigenza di non turbare la *pax deorum*,[32] facendo assumere alla pena carattere espiatorio.[33] In base a ciò è legittimo e logico concludere che della repressione criminale si occupasse il sommo sacerdote, cioè il re, in quanto naturale custode della *pax deorum*.

Il nucleo legislativo della repressione criminale nell'età regia era costituito dalle *leges regiae*.[34] La *consecratio* era la pena prevista per chi teneva una condotta oltraggiosa nei confronti degli dei, con l'allontanamento del reo dalla comunità, e quindi dalla relativa tutela che questa offriva. La dichiarazione di *homo sacer*[35] era prevista per la commissione di una delle azioni previste, quali la rimozione di pietre di confine, maltrattamento del *parens* e per altri illeciti.

---

[32] In realtà, la condotta punitiva dello Stato non sempre era riconducibile alla salvaguardia della *pax deorum*, cioè all'esigenza di non turbare gli dei e a purificare la collettività. In alcuni casi era applicato il principio per cui all'offesa si rispondeva con l'offesa. Generalmente si trattava di attività illecite rivolte contro lo Stato, come la *proditio*, o tradimento con il nemico, da non confondere con la *perduellio*, che è estraneo al diritto di guerra o riguarda l'ordine politico. Sul punto vedi B. SANTALUCIA, *Diritto e processo penale nell'antica Roma*², Milano 1998, 19 ss.

[33] A. BURDESE, *Diritto pubblico romano*³, Torino 1998.

[34] Pare che le *leges regiae* fossero delle ordinanze emanate dal *rex*, in quanto sommo giudice e pontefice, in modo unilaterale ed autoritativo. Il contenuto di tali *leges* riguardava la regolamentazione dei costumi, dettami sacrali di elaborazione sacerdotale e decisioni giudiziarie o ordinarie di *ius sacrum*. Per altre informazioni vedi G. NICOSIA, *Lineamenti di storia della costituzione e del diritto di Roma*, I, Catania 1989, 32 ss.; AA. VV., *Storia del diritto romano e linee di diritto privato* (sotto la direzione di A. SCHIAVONE), Torino 2000, 157 ss.

[35] Sulla condizione di *homo sacer* vedi ampiamente L. GAROFALO, *Appunti sul diritto criminale nella Roma monarchica repubblicana*, Padova 1990, 11 ss., nonché lo studio specifico di R. FIORI, *Homo sacer. Dinamica politico-costituzionale di una sanzione giuridico-religiosa*, Napoli 1996.

La conseguenza giuridica della *consecratio* era la dichiarazione di *homo sacer*.[36] Chi si fosse macchiato di un reato non poteva più godere della protezione della società, trovandosi, di fatto, nella situazione che chiunque potesse ucciderlo senza andare incontro a sanzioni.[37] Alcuni studiosi ritengono che si potesse divenire *homo sacer* solo dopo un procedimento giudiziario.[38] Altri studiosi, invece, ritengono che la condizione di c.d. "sacertà", non dipenda da una dichiarazione giudiziaria, che sarebbe di mero accertamento, per usare una terminologia moderna, ma opererebbe *ipso iure*.[39]

In questa fase il popolo, riunito in comizio curiato, si limitava ad assistere alla decisione che il re prendeva. Si ritiene che il popolo non avesse diritto ad intervenire o a votare.[40]

Successivamente, per via consuetudinaria, ma soprattutto con il mutamento costituzionale e la relativa separazione tra funzioni politiche e religiose, il popolo cominciò ad avere una parte più attiva nel processo, e la competenza sulla repressione criminale si spostò ai *comitia*.[41]

La tradizione[42] fa risalire la *provocatio ad populum* al *regnum*, benché la dottrina ritenga che l'istituto della *provocatio* sia una

---

[36] Il termine "sacertà" è largamente usato dagli studiosi, ma in realtà di tale termine non esiste alcuna forma latina. Sul punto vedi B. ALBANESE, *Sacer esto*, in *Scritti giuridici*, III, Torino 2006, 3.

[37] L. GAROFALO, *Appunti*, cit., 35 ss.

[38] B. SANTALUCIA, *Diritto*, cit., 12 ss.

[39] L. GAROFALO, *Appunti*, cit, 35 ss; B. ALBANESE, *Sacer esto*, III, cit., 15 ss.

[40] La partecipazione del popolo sui giudizi criminali del re è suffragata da importanti fonti archeologiche. Il ritrovamento della sigla nel più antico calendario romano *Q(uandoc) R(ex) C(omitiavit) F(as)* dimostra che il *rex* in determinati giorni teneva un'assemblea a scopo di giurisdizione: cfr. B. SANTALUCIA, *Diritto*, cit., 26.

[41] CERAMI-CORBINO-METRO-PURPURA, *Ordinamento*, cit., 221 ss.

[42] Cic. *rep*. 2.54; Liv. 1.26.6-8.

caratteristica del periodo repubblicano: si tratterebbe dunque di un'anticipazione storica.[43]

Anche se la tradizione non parlerebbe di un diritto del condannato di opporsi alla *coercitio* magistratuale ricorrendo al popolo, ma della facoltà del *rex* di richiamare l'attenzione del comizio, nelle situazioni che riteneva opportune a sua discrezione.[44]

La facoltà del *rex*[45] durante l'età monarchica di concedere al reo l'appello[46] al popolo, potrebbe essere l'antecedente storico, e maggiormente garantistico, della *provocatio ad populum* dell'età repubblicana.

## 2. Gli sviluppi della repressione dei *crimina*: la prima fase della *libera res publica*

Con il passaggio costituzionale dalla monarchia (753-509 a.C.) alla *libera res publica* (509-27 a.C.)[47] il potere religioso venne

---

[43] B. SANTALUCIA, *Diritto*, cit., 21 ss.

[44] CERAMI-CORBINO-METRO-PURPURA, *Ordinamento*, cit., 13.

[45] Sulla giurisdizione penale del *rex* vedi S. DI MARZO, *Procedura criminale romana. Dalle origini alle XII Tavole*, Palermo 1898, 41 ss.

[46] Il tema sulla natura giuridica della *provocatio ad populum* è dibattuto fra gli studiosi. Mommsen considera la *provocatio ad populum* come un vero e proprio giudizio di appello di seconda istanza. Tale posizione è stata ampiamente criticata, a ragion veduta, perché non si tratta di un'impugnazione di una decisione magistratuale, ma di un'opposizione alla *coercitio* magistratuale. L'appello è tale quando c'è stato un precedente giudizio che si intende ribaltare. Nel caso della *provocatio*, invece, non c'è nessun giudizio già prodotto, quindi sarebbe più corretto sostenere che la *provocatio* fosse un atto di opposizione al *ius coercitionis* del magistrato. Per quanto riguarda, invece, la tesi sostenuta da Kunkel che l'istituto della *provocatio ad populum* fosse un rimedio di tipo politico, non è condivisibile in quanto sembrerebbe invero simile che i plebei potessero imporre un istituto di tale importanza al patriziato, soprattutto nella fase iniziale della *libera res publica*. B. SANTALUCIA, *s.v. Processo penale*, cit., 326 ss.

[47] Per informazioni più dettagliate sul passaggio dalla monarchia alla *libera res publica* vedi A. GIOVANNINI, *Il passaggio dalle istituzioni monarchiche alle istituzioni repubblicane*, in AA. VV., *Atti del convegno sul tema bilancio critico su Roma arcaica fra monarchia e repubblica*, Roma 1991, 75 ss.

separato dal potere politico e militare. La funzione religiosa venne affidata al *rex sacrorum*,[48] mentre il potere politico e militare venne affidato ai consoli.

Si venne a creare una forte concentrazione nelle mani di singoli magistrati. Per evitare che tale legittimo potere potesse degenerare in arbitrii, proprio nell'anno della fondazione della repubblica, secondo la tradizione, il console P. Valerio Publicola avrebbe riconosciuto ai *cives* accusati di avere commesso un atto illecito, la possibilità di rivolgersi al popolo per opporsi alla *coercitio* magistratuale, attraverso l'istituto della *provocatio*.[49]

La *lex Valeria de provocatione* (509 a.C.) aveva la precisa funzione di limitare il *ius coercitionis* magistratuale.[50] La *lex Valeria* ebbe l'effetto di spostare la persecuzione dei *crimina* davanti ai *comitia curiata*, ma successivamente, come vedremo, con la legge delle XII Tavole si dirà che competenti erano i *comitia centuriata*. Da qui l'embrione di una sfera di competenza esclusiva del comizio nell'ambito della repressione criminale.[51]

La *provocatio ad populum* è considerata dai più autorevoli pubblicisti romani come la caratteristica principale della *libera res*

---

[48] In una fase successiva tali funzioni furono affidate al capo del collegio dei pontefici, il *pontifex maximus*. Sul punto vedi B. SANTALUCIA, *Diritto*, cit., 29.

[49] Cic. *rep.* 2.53: *ne quis magistratus civem Romanum adversus provocationem necaret neve verberaret*. Grazie alla *lex Valeria de provocatione*, dunque, fu stabilito che "Nessun magistrato potesse fustigare e mettere a morte un cittadino romano che avesse provocato al popolo".

[50] I magistrati si dividevano, come si ricorderà, in *maiores* e *minores*. Tale distinzione si basa sulla natura degli *auspicia* di cui ogni magistratura è titolare: *auspicia maiora*, ossia *impetrativa*, per i magistrati maggiori, e *auspicia minora*, ossia *oblativa*, per i magistrati minori. Cfr., fra gli altri, G. MANCUSO, *Profilo pubblicistico del diritto romano*, I, Catania 2002, 90 ss.

[51] L'unico caso in cui l'assemblea popolare non aveva l'esclusiva della repressione criminale era quello di *perduellio* flagrante. In tal caso, *indicta causa*, i *duumviri perduellionis* avevano il potere di mettere immediatamente a morte, e senza giudizio, il responsabile.

*publica.*[52] Nelle fonti, infatti, Livio pone come fondamenti due istituzioni giuridiche la *provocatio ad populum* e l'*intercessio* tribunizia.

Il *civis* ogni qual volta fosse stato minacciato per decisione del magistrato di morte, o comunque di una multa superiore a trenta buoi e due pecore — successivamente nel V secolo a.C. fu considerata equivalente la somma di 3020 assi dalla *lex Aeternia* e dalla *lex Menenia Sextia*[53] — poteva opporre la *provocatio ad populum*.[54]

Le fattispecie nelle quali il magistrato aveva il diritto di esercitare il *ius coercitionis* non erano determinate da norme positive, ma erano lasciate alla discrezionalità del magistrato.[55]

Dopo il II secolo a.C., come vedremo avanti, il processo comiziale non si rivelò più adatto alle esigenze che si andavano presentando. I *iudicia populi* non potevano fare fronte al crescente numero di richieste di giudizi. La conseguenza immediata fu il sempre crescente ampliamento del potere del senato, a danno delle assemblee

---

[52] B. SANTALUCIA, *Diritto*, cit., 31.

[53] Secondo quanto si può desumere le due leggi avevano stabilito, tra le altre cose, che le multe potessero essere pagate anche in rame fissando la corrispondenza in 10 assi per una pecora e di 100 assi per un bue (Cfr. Fest. *s.v. peculatus* [l. 268 270] ... *tarpeia lege est ut bos centusibus ovis decusibus aestimaretur).* In questo caso per asse doveva intendersi non l'unità della moneta di bronzo, ma l'unità ponderale corrispondente a una libbra. Tali disposizioni furono confermate dalla legge delle dodici tavole. Qualche anno dopo, 430 a.C., la legge Giulia Papiria modificò nuovamente la disciplina nel senso di una limitazione del pagamento al rame e con l'esclusione della facoltà di pagamenti in capi di bestiame. Su ciò vedi G. ROTONDI, *Leges publicae populi romani*, Milano 1912, 2005 e 2115; G. LONGO, *s.v. Lex Aeternia Tarpea*, in *NNDI* 9 (1963), 800; vedi anche G. FRANCIOSI, *Il processo di libertà in diritto romano*, Napoli 1961, nt. 35 con altri richiami bibliografici. Per una diversa datazione dei provvedimenti vedi ora A.D. MANFREDINI, *Tre leggi nel quadro della crisi del V secolo*, in *Labeo* 22 (1976), 198 ss.; vedi anche da un altro angolo visuale, C. VENTURINI, *Il plebiscitum de multa menenio dicenda*, in AA. VV., *Legge e società nella repubblica romana*, a cura di F. SERRAO, Napoli 1981, 1935 e ivi nt. 41.

[54] G. GAROFALO, *Appunti*, cit., 89 ss.

[55] CERAMI-CORBINO-METRO-PURPURA, *Ordinamento*, cit., 221.

popolari, per tutti quei crimini che avevano un certo grado di pericolosità.

I giudizi popolari formalmente vennero mantenuti, ma il senato cominciò a costituire *quaestiones extraordinariae*. Si trattava di corti di giustizia composte dai consoli o da uno dei pretori assistiti da un collegio di giuristi. Venivano costituiti per singoli casi e seguivano una procedura precisa.

Alla fine del II secolo a.C., dalle *quaestiones extra ordinem* si svilupperanno le *quaestiones perpetuae*, dette così perché stabili, che sostituiranno definitivamente i *iudicia populi*.[56]

Le corti di giustizia straordinarie venivano costituite, in un primo tempo, con senatoconsulto, ma dal 123 a.C., con una *lex Sempronia de capite civis*, si dichiarò illegittima la non partecipazione popolare all'istituzione di *quaestiones extra ordinem*.


### 3. La codificazione decemvirale e lo sviluppo dei *iudicia populi*

Nel 451 a.C., durante il conflitto fra patrizi e plebei,[57] venne istituito il primo decemvirato. I *decemviri consulari imperio legibus scribundis*[58] avevano il preciso compito di ripianare le disuguaglianze

---

[56] CERAMI-CORBINO-METRO-PURPURA, *Ordinamento*, cit., 222.

[57] M.TH. FÖGEN, *Storie di diritto romano. Origini ed evoluzione di un sistema sociale*, Bologna 2005, 55 ss.

[58] Si trattava di un organo collegiale formato da dieci magistrati di estrazione sia patrizia sia plebea, anche se il primo decemvirato (451 a.C.) era composto solo da patrizi. I *decemviri legibus scribundis* erano *cum imperio* e *sine provocatione*, quindi non assoggettati al limite della *provocatio*. Il primo decemvirato emanò dieci tavole, ma non riuscì a completare il lavoro. Il secondo decemvirato riuscì ad emanare altre due tavole, dette però *iniquae* da Cicerone in

fra le due classi sociali.[59] Le XII Tavole rappresentano una tappa fondamentale per la tradizione giuridica romana.[60]

I decemviri stabilirono, con una norma scritta, che in tutte quelle situazioni in cui il *civis* fosse stato minacciato di morte da una decisione magistratuale, a giudicare doveva essere il *comitiatus maximus*. Attraverso la legislazione dei decemviri la *provocatio* passò dai *comitia curiata* ai *comitia centuriata*.[61]

Della legislazione dei decemviri merita attenzione il fatto che sono stati sottoposti al controllo pubblico numerosi atti che prima non erano ritenuti passibili di sanzione. Ma ciò che appare maggiormente importante è la sottrazione graduale ai privati cittadini dell'arcaica possibilità di vendetta privata.[62]

Accanto alle figure criminose già previste prima delle XII Tavole,[63] la legislazione decemvirale riconosce una serie di nuove figure criminose sia contro gli interessi dell'intera comunità,

---

quanto non tennero conto delle richieste dei plebei. A causa di tali iniquità e di una condotta caratterizzata da violazioni e abusi di potere, furono deposti a furor di popolo. Infatti nel 449 a.C., per evitare si ripetesse un'esperienza del genere, fu emanata una *lex Valeria Horatia* proposta dai consoli L. Valerio Potito e M. Orazio Barbato, con cui si stabiliva che in futuro non potevano più essere istituite altre magistrature *sine provocatione*, come attestato da Cic. *rep.* 2.54: *ne qui magistratus sine provocatione crearetur*.

[59] Così G. MANCUSO, *Profilo pubblicistico*, cit., 102.

[60] M. BRETONE, *Storia del diritto romano*[10], Roma-Bari 2004, 71.

[61] B. SANTALUCIA, *Processo*, cit., 47.

[62] B. SANTALUCIA, *Diritto*, cit., 55.

[63] Gli atti criminosi previsti già in precedenza e ribaditi dalle XII Tavole erano: l'omicidio volontario (Plin. *N.H.* 18.12); la frode del patrono ai danni del cliente, punita con la *consecratio* (XII Tab. 8.21); la *proditio* nelle sue due forme di *hostem concitare*, ossia incitare i nemici contro la patria, e *civem hosti tradere*, ossia consegnare un cittadino romano al nemico, era punita con la pena di morte (XII Tab. 9.5).

perseguite dall'organo pubblico, sia contro il cittadino, la cui repressione era lasciata alla discrezionalità dell'offeso.[64]

Esempi di delitti contro l'intera comunità sono la collusione del giudice con una delle parti in causa sanzionata con la pena di morte;[65] il rifiuto di testimonianza sanzionato con la perdita, in futuro, della capacità di testimoniare e con l'impossibilità di chiamare altri a testimoniare a proprio favore.[66]

Un esempio del secondo tipo è la *membri ruptio* (lesione di una parte del corpo), in cui veniva ancora ammesso il taglione, salvo che le parti non si fossero accordate diversamente,[67] questo è uno dei pochi casi dove ancora era possibile che le parti si accordassero diversamente rispetto alla previsione normativa. La repressione del *furtum manifestum* (furto flagrante), infatti, non era lasciato alla discrezionalità della vittima, ma è sottoposta al controllo dell'organo pubblico.[68] Se si trattava di persona libera o di *pubere* veniva fustigato e *addictus* al derubato; se, invece, era uno schiavo veniva fustigato e precipitato dalla rupe Tarpea.[69]

Con la legislazione decemvirale siamo in una fase di superamento dell'arcaico regime della vendetta privata. Le XII Tavole, infatti, disciplinano i limiti di esercizio della vendetta privata.

In questo modo la distinzione fra *crimina*, cioè i delitti pubblici perseguiti dallo Stato, e i *delicta* o *maleficia*, perseguiti dal privato

---

[64] AA. VV., *Lineamenti di storia del diritto romano*[2], sotto la direzione di M. TALAMANCA, Milano 1989, 108 ss.

[65] XII Tab. 9.3; Gell. 20.1.7.

[66] XII Tab. 2.3; Fest. s.v *Talionis* [LINDSAY 262.19-22].

[67] XII Tab. 8.2; Fest. s.v. *Talionis* [LINDSAY 496.16-17].

[68] Da ultimo vedi M. VARVARO, *Osservazioni sulla pretesa esistenza di una "legis actio per manus iniectionem" in relazione al "furtum manifestum"*, in AA. VV. *Studi per Giovanni Nicosia*, VIII (2007), 333-368.

[69] XII Tab. 8.14. Gell. 11.18.8.

offeso nelle forme del processo privato, venne delineandosi già nelle XII Tavole.[70]

La struttura legislativa delle XII Tavole si mantenne[71] fino alla fine del II secolo a.C. Durante questo arco di tempo si rafforza la *provocatio ad populum*[72] e si impongono sempre maggiori limiti alla *coercitio* magistratuale.[73]

### 4. La procedura processuale dei *iudicia populi*

Sulle procedure seguite dalle assemblee popolari non disponiamo di molte fonti e quelle presenti si prestano a diverse interpretazioni.[74]

---

[70] B. SANTALUCIA, *Processo*, cit., 67.

[71] Solo intorno al 200 a.C., infatti, si ha l'emanazione di nuove leggi istitutive di nuove figure di reato. La *lex alea* del 204 a.C. che proibiva il gioco d'azzardo, sanzionando l'eventuale infrazione con l'irrogazione di una multa; La *lex Cornelia Baebia* del 181 a.C. (Liv. 40.19.11) e la *lex Cornelia Fulvia* del 159 a.C. (Liv. *per.* 47) che sanzionavano, sembrerebbe con pena capitale (Polyb. 6.56.4) l'*ambitus*, ossia l'ottenimento dei voti attraverso la distribuzione di regali agli elettori.

[72] Ci fu una serie di interventi che rafforzarono la *provocatio*, come la possibilità di rivolgersi al popolo, riprisinata subito dopo il decemvirato, in quanto sospesa durante l'attività dei decemviri (cfr. *supra*, nt 43); la *lex Valeria Horatia* del 449 a.C. la quale stabiliva che non si potessero più istituire nuove magistrature *sine provocatione* (Cic. *rep.* 2.54; Liv. 3.55.4-5); la *lex Valeria* del 300 a.C. che vietava di mettere a morte un cittadino che avesse provocato e, soprattutto, introduceva per la prima volta una sanzione per il magistrato che non ne avesse tenuto conto (Liv. 10.9.3-5: *M. Valerius consul de provocatione legem tulit diligentius sanctam* [...] *Valeria lex cum eum qui provocasset virgis caedi securique nefari vetuisset, si quis adversus ea fecisset, nihil ultra quam improbe factum adiecit.*).

[73] A tal proposito si ricordano tre *leges Porciae* (Cic. *rep.* 2.54: *leges Porciae quae tres sunt trium Porciorum*), le quali avrebbero sottoposto al controllo politico dell'assemblea popolare tutte le attività magistratuali di *coercitio*, anche oltre i mille passi dal *pomerium*.

[74] B. SANTALUCIA, *Diritto*, cit., 84 ss.

Si trattava di un procedimento inquisitorio promosso dal magistrato d'ufficio. All'accusato viene intimato di comparire davanti all'assemblea informale del popolo (*contio*) in una data stabilita (*diei dictio*). Il magistrato specificava la pena che voleva irrogare. A questo punto all'accusato poteva essere richiesto di indicare dei soggetti che garantivano la sua comparizione, altrimenti veniva sottoposto a detenzione preventiva,[75] che aveva carattere cautelare e non era intesa come pena.

Nella *diei dictio* il popolo si riuniva nel foro. A questo punto il magistrato esponeva l'accusa adducendo le proprie argomentazioni[76] e all'accusato veniva data la possibilità di difendersi sia di persona[77], sia per mezzo di un avvocato.[78] In questa fase venivano sentiti i testimoni,[79] sia dell'accusa, sia della difesa.

Tale procedura era rinnovata per altre due *contiones* intervallate da almeno un giorno l'una dall'altra.[80]

A tal punto il magistrato poteva desistere[81] o formulare l'accusa definitiva proponendo al popolo la condanna[82] e fissando la data in cui si doveva tenere l'ultima *contio* e i comizi giudiziari.

---

[75] Liv. 25.4.8 e 10-11; Dion. Hal. 11.46.3; Gell. 6.19.
[76] Liv. 26.3.5 e 7; 43.8.9; Val. Max. 3.7.8. Per l'età decemvirale cfr. Liv. 3.33.10.
[77] Liv. 6.20.8-9; 26.3.1-4; 38.50.11-12; 38.51.6-11; 43.16.14; Val. Max. 3.7.8; Gell. 6.11.9.
[78] Cic.*pro Rab. perd.* 18; *de orat.* 2.124; *ad Q. fratr.* 2.3.1-2.
[79] Cic. *pro Rab. perd.* 18; *in Vat.* 40; Liv. 6.20.6; 25.3.16; 26.3.5; 37.57.13-14; Val. Max. 6.1.7.
[80] Cic. *dom.* 45: *ne inprodicta die quis accusetur, ut ter ante magistratus accuset intermissa die, quam multam inroget aut iudicet.*
[81] Esempi in tal senso sono contenuti in Liv. 4.42.8; 7.5.8; 37.58.1; 43.16.16; Val. Max. 6.5.2.
[82] Liv. 26.3.9: *perduellionis se iudicare* [...] *dixit*; 43.16.11: *perduellionem se iudicare pronuntiavit.*

L'intervallo durava lo spazio di tre mercati (*trinundinum*) e dopo di ciò aveva luogo la *contio* conclusiva, nella quale il magistrato chiedeva all'assemblea il suo giudizio.[83]

L'assemblea si radunava nel campo marzio, nel caso la competenza fosse dei comizi centuriati, o nel foro, nel caso in cui la competenza fosse dei comizi tributi, e votava, rispettivamente, per centurie o per tribù. Sulla base del calcolo dei voti, espressi con la lettera *A* (che sta per *absolvo*) o la lettera *C* (che sta per *condemno*) il magistrato che presiedeva l'assemblea avrebbe poi proclamato pubblicamente il risultato dello scrutinio (*renuntiatio*).

L'eventuale rinvio della seduta non era ammesso, e se per qualsiasi ragione non si poteva tenere la votazione il processo si chiudeva ed il magistrato non poteva riproporre l'accusa.[84]

Il *carnifex*, che era uno schiavo pubblico, doveva eseguire la condanna sotto la sorveglianza dei *tresviri capitales* o *nocturni*.

In realtà la condanna a morte era applicata raramente, in quanto la prassi diffusa era che l'accusato, prima che venisse pronunciato l'ultimo voto, poteva abbandonare il territorio urbano e andare in esilio volontario in un'altra città che con Roma intrattenesse un accordo di riconoscimento di tale diritto.

## 5. Le *quaestiones extra ordinem*

---

[83] Cic. *dom.* 45: *quarta sit accusatio trinum nundinum prodicta die, quo die iudicium sit futurum.*

[84] Cic. *dom.* 45: *si qua res illum diem aut auspiciis aut excusatione sustulit, tota causa iudiciumque sublatum est.*

Il sistema procedurale fin qui analizzato non poteva avere un'efficacia sempre positiva, in quanto sul finire del III secolo a.C e l'inizio del II secolo a.C., in concomitanza con l'espansione territoriale, il sistema dei *iudicia populi* entrò in crisi.

I punti di maggiore debolezza del processo comiziale furono il procedimento troppo articolato e prolisso; la necessità di conoscenze tecniche giuridiche che il popolo non aveva, ma indispensabile per valutare sufficientemente i casi da esaminare; la gravosità della procedura, che prevedeva la ripetizione per quattro volte delle operazioni di accusa; l'opportunità di approntare un sistema processuale snello e duttile in relazione ai crimini commessi su ampia scala.[85]

Fu in questa fase storica che si cominciò a profilare una nuova forma di processo: le *quaestiones perpetuae*.[86] Il senato, infatti, cominciò ad affidare ai consoli o ad uno dei pretori la repressione di taluni crimini, che sarebbero dovuti rientrare nella competenza dei comizi. Generalmente erano reati di massa e contro la sicurezza dello Stato.[87]

Ma il problema costituzionale che si pose riguardava la legittimità della procedura senza tenere conto e senza chiedere l'autorizzazione del popolo.

---

[85] B. SANTALUCIA, *Diritto*, cit., 97 ss.

[86] In origine il termine *quaestio* designava l'attività investigativa e di indagine (dal verbo *quaerere*) del magistrato, con l'introduzione di corti permanenti designò il procedimento innanzi alle corti permanenti, infine il tribunale stesso presieduto dal magistrato.

[87] Un esempio concreto di tale procedura fu lo scandalo dei Baccanali, avvenuto nel 186 a.C. Per evitare problemi il senato diede incarico ai consoli di condurre un'inchiesta e decretò che la partecipazione al culto bacchico doveva considerarsi un delitto capitale (Liv. 39.14-19). Molti furono i cittadini processati per tale delitto e messi a morte. In tali inchieste i comizi non ebbero alcun ruolo.

Per quanto riguarda i *socii Italici* l'intervento senatorio di costituire *quaestiones* non poneva problemi di costituzionalità, perché in quel periodo agli alleati italici non era ancora stata concessa la cittadinanza romana.[88] Il problema, invece, si pose quando ad essere accusato di delitto capitale era un cittadino, in quanto occorreva l'intervento del popolo.[89] Sembra, infatti, che si trattasse di un'usurpazione del senato a danno dei comizi.[90]

### 6. Le *quaestiones perpetuae*

Come abbiamo avuto modo di vedere nel paragrafo precedente, attraverso le *quaestiones extra ordinem* si fece fronte, nel corso del II secolo a.C., ai processi che i *iudicia populi* non erano ormai più in grado di sostenere. Ma nel momento in cui anche le *quaestiones extra ordinem* divennero inadeguate, per le ragioni prima esposte, allora si passò ad un sistema di tribunali stabili, appunto le *quaestiones perpetuae*.[91]

Le *quaestiones perpetuae* vennero istituite per legge ed erano presiedute da un magistrato o da un ex magistrato. Il movimento di riforma ebbe inizio con la *lex Calpurnia*[92] (149 a.C.), successivamente

---

[88] Polyb. 6.13.4

[89] Polyb. 6.16.2

[90] Così G. GAROFALO, *Appunti*, cit., 104 ss.

[91] B. SANTALUCIA, *Diritto*, cit. 103 ss.

[92] Il provvedimento sarebbe stato adottato per l'inadeguatezza degli strumenti repressivi a seguito della vicenda di Servio Sulpicio Galba (Cic. *de orat.* 1.53.227; Liv. *Per.* 49; Val. Max. 9.6.2) il quale aveva trucidato diverse persone inermi nel periodo in cui fu al comando della Spagna, il quale sfuggì alla condanna. Sul punto vedi G. GULINA, *"Sacramentum" e "lex Calpurnia"*, in *Iura* LI (2000), 106 ss.

seguita dalla *lex repetundarum*[93] epigrafica, comunemente indicata dagli studiosi come *lex Acilia* (123-122 a.C.).

Entrambe le leggi costituirono le basi per lo sviluppo successivo del processo criminale.

La *lex Calpurnia* individuava la procedura da seguire e l'organo giudicante. Il contenuto della *lex Calpurnia* risulta di difficile ricostruzione,[94] ma attraverso la successiva c.d. *lex Acilia* è possibile una parziale ricostruzione. La *lex Calpurnia* istituiva una corte permanente con competenza nei giudizi in tema di *pecuniae repetundae*.

La composizione del collegio era di rango senatorio[95] e veniva presieduto da un pretore[96]. La procedura prevista dalla *lex Calpurnia* prevedeva era per *sacramentum* con la restituzione del maltolto[97] e non una sanzione a carattere penale, come si avrà in un successivo momento con la *lex (Acilia) repetundarum*. Si trattava di un procedimento a carattere essenzialmente privatistico, mirante solo all'indennizzo della vittima e non anche alla repressione penale ed era promuovibile solo con l'assistenza di patroni romani.

---

[93] Tale legge mirava alla repressione delle appropriazioni indebite ed estorsioni da parte dei magistrati romani a danno delle popolazioni assoggettate al loro dominio o ad esse alleate. In origine, infatti, non esisteva una procedura prestabilita per tali illeciti. Coloro che subivano tali ingiustizie, avevano come rimedi, anche se inefficaci, la possibilità di richiedere l'intervento del senato o si potevano rimettere all'iniziativa dei tribuni della plebe.

[94] C. VENTURINI, *Quaestiones perpetuae constitutae*, in *Iura* XLVIII (1997), 3 ss.

[95] Per maggiori chiarimenti sul ruolo dei senatori nel processo criminale vedi S. GIGLIO, *La giurisdizione criminale dei senatori nel tardo occidente*, in *Labeo* XXXVIII (1992) II, 224 ss.

[96] Per ulteriori informazioni vedi D. MANTOVANI, *Il pretore giudice criminale in età repubblicana*, in *Athenaeum*, 68 I (1990) 19 ss.

[97] La *Lex (Acilia) repetundarum* così stabiliva: "*lege Calpurnia [...] sacramento actum siet*" in tal modo il colpevole era condannato al pagamento del solo maltolto (*simpli*) e non era assoggettato ad una sanzione. Si trattava solo di una misura risarcitoria.

Tra il 149 e il 123 a.C. venne proposta la *lex Iunia*, la quale non apportò significative modifiche al regime processuale della *lex Calpurnia*, ma confermò la procedura *per sacramentum*.

Mentre di grande rilievo appaiono le novità introdotte dalla *lex repetundarum* (123-122 a.C.), la quale prevedeva la repressione di un preciso reato, che era l'appropriazione indebita, ed istituì il primo tribunale criminale permanente per perseguire il comportamento illegale dei magistrati (*quaestio perpetua repetundarum*) ma che potenzialmente poteva costituire da modello applicabile ad altri *crimina*.[98]

La *lex repetundarum* ha una grande importanza per la riforma del sistema del diritto criminale, perché innesta le concussioni commesse dai magistrati sul terreno del diritto pubblico penale, facendo assumere alla condotta illecita la natura di vero e proprio reato perseguibile penalmente. Infatti, con tale legge, venne abbandonata la procedura, di stampo privatistico, *per sacramentum*. Non era più prevista la semplice restituzione del maltolto, ma fu posta a carico dei concussionari una pena che corrispondeva al doppio (*duplum*) del maltolto che doveva essere versata al questore, il quale la riversava all'erario. L'erario provvedeva successivamente al rimborso dei danneggiati [99]

### 6.1 La procedura penale prevista dalla *lex* (*Acilia*) *repetundarum*

---

[98] C. VENTURINI, *Processo penale e società politica nella Roma repubblicana*, Pisa 1996, 227 ss.
[99] B. SANTALUCIA, *Diritto*, cit., 116.

Il procedimento penale era affidato al *praetor de repetundis*, il quale, entro dieci giorni dalla sua entrata in carica, stilava una lista di quattrocentocinquanta giudici e ne disponeva la pubblicazione in un apposito albo.[100]

In pubblica adunanza il pretore provvedeva alla lettura dei quattrocentocinquanta nomi, e giurava di avere compilato l'elenco nei modi prescritti e di giudicarli idonei al compito che dovevano svolgere.[101]

Per ogni singolo processo venivano scelti dall'accusatore cento nomi, dopo che erano stati espunti coloro che potevano avere un interesse nella causa. Formata la lista, i nominativi venivano comunicati all'accusato, a questo punto l'accusato sceglieva, nell'ambito dei cento nomi proposti dall'accusatore, cinquanta nomi che avrebbero composto il collegio giudicante.[102] La procedura accusatoria poteva essere mossa direttamente da chi aveva subito il danno.[103] I *patroni* potevano intervenire solo su esplicita richiesta del danneggiato.[104] Per tutelare la vittima di reato e salvaguardarla da possibili minacce e pressioni, l'accusa poteva essere mossa anche *alieno nomine*.[105] In tal modo chiunque poteva denunciare fatti di

---

[100] *Lex repet.* ll. 12-15 [*FIRA* I² 87-89 = *Roman Statutes* I 66 = Lintott 90-92].

[101] *Lex repet.* l. 18 [*FIRA* I² 89 = *Roman Statutes* I 67 = Lintott 93].

[102] *Lex repet.* ll. 20-26 [*FIRA* I² 90-91 = *Roman Statutes* I 67-68 = Lintott 94-96].

[103] *Lex repet.* ll. 1-3 [*FIRA* I² 85-86 = *Roman Statutes* I 65 = Lintott 88].

[104] *Lex repet.* ll. 9-12 [*FIRA* I² 87 = *Roman Statutes* I 66 = Lintott 90].

[105] Appare opportuno sottolineare le differenze fra la *lex Calpurnia* (149 a.C.) e la *lex Acilia* (123-122 a.C.). La struttura del tribunale organizzato dalla *lex Calpurnia* prevedeva la procedura *per sacramentum*, la protezione dei danneggiati da parte dei *patroni*, un ristretto collegio di *recuperatores*, la volontà di salvaguardare il più possibile il magistrato sotto processo e la semplice restituzione del maltolto senza conseguenze penali. La *lex Acilia*, invece, prevedeva la *delatio nominis*, la libera costituzione delle parti, una corte formata da cinquanta giudici, la

reato in nome e per conto della vittima, e la vittima non doveva né autorizzare né accettare l'accusatore.[106]

Nel caso in cui si fosse presentata una denuncia in una fase già avanzata dell'anno, alla procedura ordinaria si sostituiva un procedimento più rapido ed a carattere privatistico.[107] In tal caso il presidente della *quaestio*, dopo il dibattimento, chiedeva ai giudici se erano nelle condizioni di potere votare. Se più di un terzo dichiarava di non essere riuscito a formarsi un'opinione (*sibi rem non liquere*), e quindi di non essere in grado di votare, il dibattimento proseguiva (*ampliatio*). Per chi ancora non era in grado di decidere era prevista l'irrogazione di una multa.[108]

Alla eventuale condanna si proseguiva con un'ulteriore fase processuale che mirava a determinare l'ammontare delle somme da restituire ai danneggiati (*litis aestimatio*)[109]

### 7. La repressione dei reati comuni e l'opera riformatrice sillana

Come già anticipato, sull'esempio della *quaestio perpetua repetundarum* furono istituite altri tribunali permanenti per la repressione di reati comuni.[110]

---

volontà di colpire il magistrato concussionario con pene aspre e, infine, la sentenza era produttiva di effetti finanziari e politici per il condannato, non limitandosi alla sola restituzione del maltolto, ma irrogando sanzioni.

[106] *Lex repet.* ll. 6-7 [*FIRA* I² 86-87 = *Roman Statutes* I 65 = Lintott 88-90].
[107] *Lex repet.* ll. 7-8 [*FIRA* I² 86-87 = *Roman Statutes* I 65 = Lintott 88-90].
[108] *Lex repet.* ll. 46-48 [*FIRA* I² 94 = *Roman Statutes* I 70 = Lintott 100].
[109] *Lex repet.* ll. 58-59 [*FIRA* I² 96 = *Roman Statutes* I 71 = Lintott 102].
[110] D. A. CENTOLA, *Recenti studi di diritto criminale romano. Spunti e prospettive di ricerca*, in *SDHI*, LXIII (1997), 50 ss.

Purtroppo, però, la documentazione sull'organizzazione giudiziaria degli altri tribunali permanenti non è completa.[111]

Per quanto riguarda l'allargamento delle *quaestiones perpetuae* ai reati comuni, invece, siamo in possesso di maggiori documenti.[112]

Già in età presillana abbiamo la presenza di una *quaestio de sicariis*, ossia diretta a punire l'omicidio commesso con armi, e di una *quaestio de veneficis*, ossia diretta a sanzionare l'omicidio commesso con l'ausilio di veleni.[113]

La sistemazione più completa delle *quaestiones perpetuae* si ha con l'opera di Silla, il quale ne istituì sei: quella *de repetundis*, che mirava alla repressione delle estorsioni dei magistrati, quella *de maiestate*, per punire i casi di insubordinazione agli organi della repubblica,[114] quella *de ambitu*, mirante a reprimere la corruzione elettorale, quella *de peculatu*, che prevedeva e puniva i casi di sottrazione illecite di denaro pubblico, quella *de sicariis et veneficis* e, infine, quella *de falsis*, per i casi di falsità nei testamenti.[115]

La disciplina del *crimen repetundarum* fu notevolmente inasprita con una *lex Iulia* di Cesare (59 a.C.),[116] che aumentava lo spettro dei soggetti punibili e quello delle fattispecie criminose.

---

[111] B. SANTALUCIA, *Diritto*, cit., 127.
[112] B. SANTALUCIA, *Diritto*, cit., 129.
[113] Si può sostenere dell'esistenza delle due *quaestiones* in età presillana, perché nel dialogo *De natura deorum* (77-75 a.C.) Cicerone parla dell'abitualità di *quaestiones sicae et veneni*.
[114] In realtà la problematica del *crimen maiestatis* è molto complessa e indefinita, in quanto le fonti giuridiche e letterarie non ci danno una precisa definizione del reato. L. SOLIDORO MARUOTTI, *Profili storici del delitto politico*, Napoli 2002, 9 ss.
[115] Per uno studio esaustivo sulla disciplina del falso testamentario, vedi M.P. PIAZZA, *La disciplina del falso nel diritto romano*, Padova 1991.
[116] Cic. *Rab. Post.* 8 (*in lege Iulia* [...] *multa sunt severius scripta quam in antiquis legibus et sactius*).

## 8. La *cognitio extra ordinem*

Le *quaestiones perpetuae* trovarono la loro organica sistemazione con la *lex Iulia iudiciorum publicorum* [117] del 17 a.C. fatta votare da Augusto. Nel corso del III e IV secolo d.C. vennero soppiantate dalle *cognitio extra ordinem*,[118] divenendo le uniche procedure vigenti sino a Giustiniano.[119]

La *lex Iulia iudiciorum publicorum* semplificò le modalità di instaurazione del processo, introducendo una forma scritta di accusa attraverso un *libellus inscriptionis* compilato e firmato dall'accusatore, o se analfabeta da un'altra persona per suo conto, e depositato nell'ufficio del magistrato competente per la *quaestio*.[120] Il *libellus inscriptionis* conteneva dati e informazioni molto dettagliate: console e data, circostanze del reato, nome dell'accusato, estremi del reato,

---

[117] La *lex Iulia iudiciorum publicorum* fu fatta votare insieme ad un'altra legge di notevole importanza, che è quella della riforma del processo privato, la *lex Iulia iudiciorum privatorum*. In tal senso vedi B. SANTALUCIA, *diritto*, cit., 189.

[118] Secondo alcuni studiosi non esisterebbe un'unica *cognitio*. Si potrebbe parlare di *cognitio* come atto o attività del *cognoscere* o come risultato di una attività di ricerca. Esisterebbero, invece, tante *cognitiones*. Appunto per il fatto che le *cognitiones* apparterrebbero alla realtà, sono presenti nella storia: le *cognitiones* degli imperatori e dei funzionari, sino a quelle del *iudex pedaneus* provinciale. Con l'espressione *cognitio extra ordinem* viene indicato, quindi, un determinato giudizio, singolarmente considerato, o la nuova procedura nel suo insieme Per approfondimenti sul punto vedi R. ORESTANO, *La "cognitio extra ordinem": una chimera*, in *Scritti*, III, Napoli 1998, 1831-1842.

[119] R. ORESTANO, *"Cognitio extra ordinem"*, in *Scritti*, II, Napoli 1998, 1033.

[120] Paul. D. 48.2.3 (Paul. 3 *de adult.*) Per quanto riguarda il deposito del *libellus inscriptionis* D. 48.5.2.8 (Ulp. *libro 8 disputat.*). *Poenae subiciet. Si simul ad acccusationem veniant maritus et pater mulieris, quem praeferri oporteat, et propensiore ira et maiore dolore executurum eum accusationem credendum est, in tantum, ut et si pater praevenerit et libellos inscriptionum deposuerit, marito non neglegente nec retardante, sed accusationem parante et probationibus instituente atque muniente, ut facilius iudicantibus de adulterio.*

luogo di commissione del reato.[121] Sulla base del *libellus inscriptionis* il magistrato, dopo avere verificato la regolarità formale della citazione, procedeva all'*inscriptio inter reos* dell'accusato.

Ma il sistema delle *quaestiones perpetuae* durante il principato (27 a.C.-284 d.C.) entrò in crisi per la concorrenza di una procedura nuova, una procedura che era più compatibile con il nuovo assetto politico.[122]

Il *princeps* ormai si occupava, a scapito delle vecchie corti, del potere della repressione criminale.

Tale nuovo procedimento repressivo è definito comunemente *cognitio extra ordinem*, in quanto si sviluppa all'esterno della procedura criminale dell'*ordo iudiciorum*.[123]

---

[121] D. 48.2.3 (Paul. *libro 3 de adult.*) *Libellorum inscriptionis conceptio talis est.*

[122] Naturalmente le corti permanenti non erano viste favorevolmente dal nuovo regime. I motivi erano diversi, il compito di giudicare era attribuito a cittadini privati, liste di selezione dei giudici troppo ampie e, soprattutto, la composizione dei collegi sfuggiva al controllo del principe.

Ma i "difetti" erano anche di tipo tecnico, oltre che di opportunità politica, in quanto il cittadino che volesse accusare per un fatto nuovo e che appariva meritevole di tutela, non poteva farlo se non esisteva l'apposita *quaestio*, perché il tribunale, come abbiamo visto precedentemente, era competente solo per le fattispecie previste dalle leggi istitutive delle *quaestiones*. A nostro avviso ciò non ciò non appare come un difetto, perché applicazione di quel principio di legalità che rende punibile ciò che è già previsto come reato.

Ciò che invece ci appare come difetto tecnico, era l'impossibilità di sottoporre a giudizio di una corte i casi di concorso di persone, di concorso di reati e la graduazione della pena tenendo conto delle circostanze soggettive ed oggettive.

[123] Di notevole importanza appare il contrasto dottrinale sulla natura della *cognitio extra ordinem*. Secondo alcuni studiosi si tratterebbe di un procedimento di tipo accusatorio, anche se di fronte ad una progressiva affermazione dell'*inquisitio*.

Secondo altra parte della dottrina, invece, si tratterebbe di un procedimento di tipo inquisitorio, perché il processo inquisitorio non richiede né un accusatore, né un'accusa, in quanto si procede d'ufficio e l'eventuale accusa di un privato è semplicemente una denuncia, una segnalazione equivalente a qualunque altra *notitia criminis*; nei giudizi inquisitori il giudice non è terzo, ma accusa ed è anche giudice; l'organo pubblico nei procedimenti inquisitori può cercare le prove d'ufficio ed ha piena libertà di *inquirere*; infine, nei procedimenti inquisitori, anche

Con Augusto entrarono in funzione due nuove corti criminali, una costituita dall'imperatore ausiliato dal suo *consilium* e l'altra dal senato presieduta da un console.

### 8.1 Il tribunale imperiale

Il *princeps* aveva la facoltà di attrarre al suo tribunale, su sua iniziativa o su richiesta delle parti, non solamente le fattispecie criminose non previste da una specifica *quaestio*, ma anche le ipotesi previste. In tal modo le fattispecie previste venivano sottratte al giudice naturale precostituito per legge.[124]

I reati sui quali il tribunale imperiale aveva competenza erano i più svariati: si andava dal *criminen maiestatis* ai processi contro maghi, astrologi e indovini.[125]

---

in caso di interruzione dell'accusa il processo va avanti comunque fino all'emissione della sentenza. Tutte queste caratteristiche sarebbero presenti nella *cognitio extra ordinem*. Per maggiori chiarimenti vedi F. PERGAMI, *Il processo criminale nella legislazione degli imperatori Valentiniano I e Valente*, in *Index*, XXV, 1997, 503; *contra* B. SANTALUCIA, *"Accusatio" e" inquisitio" nel processo penale romano di età imperiale*, in *Atti del convegno "Processo civile e processo penale nell'esperienza giuridica del mondo antico", 1-9.*

[124] Le fonti documentano diversi casi di *cognitio* personale dell'imperatore, ad esempio la condanna del poeta Ovidio (Ov. *Trist.* 2.131-132).

[125] I processi contro i maghi avevano il proprio fondamento nel fatto che tali attività ledevano la maestà imperiale, in quanto pretendevano di rivelare il futuro dell'imperatore o dei suoi familiari. Tac. *Ann.* 14.50; Plin. *Ep.* 6.22; 31.1-12; Suet. *Dom.* 15.8-9; 16.3; Dio Cass. 59.29.4.

Il *princeps* aveva, oltre alla competenza giurisdizionale di prima istanza, anche la competenza in grado di appello delle decisioni emanate sia in Italia, sia nelle province. L'istituto dell'appello[126] avverso le decisioni dei funzionari dipendenti del principe era l'*appellatio ad Caesarem*.[127]

## 8.2 Il tribunale senatorio

Per le classi elevate il senato era la corte ordinaria per giudicare sulla *maiestas* e sulle *repetundae*.[128] In altre occasioni il senato[129] si occupava anche di altri reati, quali il falso,[130] l'omicidio,[131] la *vis*[132] e la calunnia.[133] Probabilmente il senato si occupava di tali casi quando fossero coinvolti personalità di alto rilievo sociale. I soggetti

---

[126] Originariamente l'appello poteva essere presentato solo al principe, ma il fatto che i funzionari erano organizzati secondo un preciso ordine gerarchico, si sviluppò la prassi per cui ad una decisione di un funzionario si potesse fare appello al funzionario più elevato. In tal modo nel corso del II secolo d.C. l'appello divenne da eccezionale a ordinario mezzo di impugnazione delle sentenze. D. 49.1.1 (Ulp. 1 *de appella*) *Appellandi usus quam sit frequens quamque necessarius, nemo est qui nesciat, quippe cum iniquitatem iudicantium vel imperitiam recorrigat.*

[127] Paul. *sent.* 5.26.1.

[128] Tac. *Ann.* 1.72.3; 1.73-74; 2.27-31; 3.10-18; 3.38.1; 3.49-51; 3.66-70; 4.15.2; 4.19-20; 4.28-31; 4.34-35; 11.4; 12.22; 12.52; 12.59; 12.65; 13.30; 13.33; 13.43; 13.52; 14.18; 14.46; 16.8; 16.30; Plin. *ep.* 2.11; 3.9; 4.9; 7.33.

[129] Il senato acquisì la funzione giurisdizionale nell'8 d.C. Infatti quell'anno Ovidio nei *Tristia* sostiene il non legittimo esilio perché manca il decreto senatorio. Ovid. *trist.* 2.131-132 *nec mea decreto damnasti facta senatus nec mea selecto iudice fuga iussa est.*

[130] Tac. *Ann.* 3.22; 14.40.3;

[131] Tac. *Ann.* 2.67.2; 3.10-18; 6.26.3; 4.22; 13.44.5.

[132] Tac. *Ann.* 4.13.2; 4.15.2.

[133] Tac. *Ann.* 3.37.1; 4.31.4; 6.7.1; 12.42.3; 13.33.3.

sottoposti al giudizio senatorio erano, infatti, gli stessi senatori e personalità dello stesso rango.[134]

L'apice del potere senatorio si raggiunse nel I secolo a.C., infatti le *cognitiones* si svolgevano regolarmente e continuativamente presso il senato.

La corte non era legata alle previsioni normative delle *quaestiones*, ne poteva creare di nuove che non rientravano nella sfera di competenza delle corti permanenti, poteva mitigare o aumentare le pene previste dalle leggi,[135] poteva procedere contemporaneamente contro più persone[136] o per più reati[137]

### 9. L'affermazione delle *cognitiones extra ordinem*: il Basso Impero

Le *cognitiones extra ordinem* ebbero la loro massima espansione con l'affievolirsi, ormai irreversibile, delle *quaestiones perpetuae* e con l'inizio del Dominato.

Naturalmente il nuovo regime politico favorì le *cognitiones extra ordinem*.[138]

In questa fase la funzione giudiziaria venne accorpata con la funzione burocratica amministrativa. Tale importante funzione venne affidata a soggetti cui l'imperatore stesso conferiva loro tale potere e che erano ordinati gerarchicamente.[139] L'imperatore divenne supremo

---

[134] B. SANTALUCIA, *Diritto*, cit., 236 ss.
[135] Plin. *ep.* 4.9.17 *senatui* […] *licet et mitigare leges et intendere.*
[136] Quint. *inst. or.* 7.2.18-20.
[137] Quint. *inst. or.* 3.10.1
[138] B. SANTALUCIA, *Diritto*, cit., 269.
[139] B. SANTALUCIA, *Diritto*, cit., 269 ss.

giudice di appello avverso le sentenze dei funzionari da lui stesso nominati.[140]

In questo periodo vennero riconosciuti nuovi reati quali il *sacrilegium*, ossia l'inosservanza dei provvedimenti emanati dall'imperatore,[141] l'eresia, l'apostasia, le pratiche religiose pagane, la pratica della religione ebraica.[142]

Oltre alla previsione di queste nuove fattispecie criminose, vennero rivisti alcuni dei più importanti crimini e aggravate le relative pene. Si trattava del *crimen maiestas*, l'*ambitus*, le *repetundae* e il *peculatus*.[143]

---

[140] G. MANCUSO, *Profilo pubblicistico*, II, cit., 142.

[141] Durante il dominato la figura dell'imperatore divenne sacra, per tale motivo l'inosservanza di un suo provvedimento acquisiva un elevato valore simbolico contro la persona dell'imperatore.

[142] Tutte queste nuove figure criminose venivano punite, generalmente, con la pena di morte, salvo che si trattasse di persone di rango più elevato (*honestiores*), con evidente trattamento discriminatorio fra soggetti a cui era ascrivibile il medesimo reato.

[143] Per maggiori approfondimenti relativi ai reati e alle pene nel Basso Impero vedi B. SANTALUCIA, *Diritto*, cit., 286 ss.

## Conclusioni

Con questo lavoro si è voluto dimostrare come il principio di legalità, nell'accezione a noi nota, non sia applicabile ai paradigmi del diritto romano.

L'unico momento di contatto con il moderno principio di legalità, come abbiamo visto, si ha con l'introduzione delle *quaestiones perpetuae.*[144]

Bisogna rilevare, però, che la procedura penale era dettagliatamente descritta. Il tal senso si può parlare di principio di legalità. Il diritto penale sostanziale, invece, era in balia delle contingenze politiche e del momento storico.

È con il pensiero illuministico e con i pensatori rivoluzionari del XVIII secolo che si sviluppa, così come oggi lo conosciamo, il principio di legalità. Ciò avviene attraverso l'enunciazione del principio della separazione dei poteri di Montesquieu che, a garanzia dei cittadini, affermava il principio del primato della legge penale.

L'evoluzione giuridica degli stati è orientata, a partire dal XVIII secolo, verso l'applicazione rigorosa del principio *nullum crimen sine lege*, con il conseguente non riconoscimento dell'analogia e della consuetudine in materia penale.

È con lo Stato liberale di diritto, ed il tramonto dell'assolutismo in cui l'attività dello Stato si basava sull'assenza della legge, che si può parlare in pieno di principio di legalità, con l'affermazione che è il parlamento, espressione popolare, e non il potere esecutivo,

---

[144] G. VASSALLI, *Nullum crimen sine lege*, cit., 497.

espressione della sola maggioranza parlamentare, ad essere depositario della potestà legislativa penale.

Con la Dichiarazione dei diritti dell'uomo del 1789 vennero solennemente affermati principi di fondamentale importanza (artt. 7; 8 e 9).[145]

La matrice del principio di legalità risale alla dottrina del contratto sociale[146] per difendere la certezza del diritto e non l'eguaglianza.[147]

Si può affermare con certezza che il principio di legalità non fu riconosciuto nel medioevo, in quanto veniva applicata l'analogia nella materia dei delitti e delle pene.

Anche per quanto riguarda l'età comunale si faceva largo uso dell'analogia nella repressione dei reati penali. Gli stessi statuti comunali ne facevano un rinvio esplicito, attraverso l'*interpretatio ad*

---

[145] G. ALESSI, *Il processo penale. Profilo storico*, Milano 2004, 152 ss.

[146] Il contratto sociale si collega al modello individualistico francese ed è lo strumento attraverso il quale si forma la società politica, ed in cui è insito un livello di civiltà e di sicurezza superiore. Con il contratto sociale viene accettato consensualmente l'abbandono dello stato di natura, in quanto i consociati pensano che la tutela migliore dei propri diritti ed interessi avviene attraverso l'associazione politica e la presenza di uno Stato quale unico soggetto titolare del potere giudiziario, solo in tal modo viene superato il *bellum omnium contra omnes* (Hobbes) che rende intollerabile la permanenza nello stato di natura.

Opposto al contratto sociale è il patto, collegato al modello statualistico delle libertà, che non riconosce lo schema negoziale del contratto sociale per uscire dallo stato di natura. Il patto è un atto di subordinazione unilaterale, non negoziabile, con cui tutti si sottomettono contemporaneamente all'unico soggetto investito del potere di *imperium*, da tale momento non si potrà più parlare di *moltitudo*, ma di popolo o nazione. Per maggiori chiarimenti in merito vedi: M. FIORAVANTI, *Appunti di storia delle costituzioni moderne*², Torino 1994, 32 ss; L. CONTI, *s.v. Contrattualismo*, in ED X (1962), 216-234.

[147] Occorre differenziare il principio di legalità con la "regola di giustizia". Per regola di giustizia si intende il trattare in modo eguale situazioni eguali e in modo diseguale situazioni diseguali, l'applicazione della regola di giustizia coincide con il rispetto della legalità. Per una visione ampia di tali differenziazioni vedi N. BOBBIO, *Eguaglianza e libertà*, Torino 1995, 13 ss.

*supplendum*, l'*argomentum a simili* o l'*extensio*, fondata sull'identità della *ratio legis*.

Le basi per la dottrina giuridica moderna della legalità iniziarono nel periodo delle signorie fra il XVI e il XVII secolo con l'opposizione da parte di giuristi italiani all'*extensio in poenalibus*.

# BIBLIOGRAFIA

AA. VV., *Lineamenti di storia del diritto romano*[2] (sotto la direzione di M. TALAMANCA) Milano 1989.

AA. VV., *Storia del diritto romano e linee di diritto privato* (sotto la direzione di A. SCHIAVONE), Torino 2000.

ALBANESE B., *Sacer esto*, in *Scritti giuridici*, III, Torino 2006, 1-37.

ALESSI G., *Il processo penale. Profilo storico*, Milano 2004.

ANTOLISEI F., *Manuale di diritto penale*[16], Milano 2003.

BIN R.-PITRUZZELLA G., *Diritto costituzionale*, Torino 2000.

BOBBIO N., *Eguaglianza e libertà*, Torino 1995.

BRETONE M., *Storia del diritto romano*[10], Roma-Bari 2004.

BURDESE A., *Diritto pubblico romano*[3], Torino 1998.

CASETTA E., *Manuale di diritto amministrativo*[4], Milano 2002.

CENTOLA D. A., *Recenti studi di diritto criminale romano. Spunti e prospettive di ricerca*, in *SDHI*, LXIII (1997), 499-520.

CERAMI-CORBINO-METRO-PURPURA, *Ordinamento costituzionale e produzione del diritto in Roma antica*, Napoli 2001.

CONTI L., *s.v. Contrattualismo*, in *ED* 10 (1962), 216-234.

DE VERGOTTINI G., *Diritto costituzionale comparato*, Padova 1993.

DIETHARDT F. K., *s.v. Anselm Ritter (von) Feuerbach*, in *NNDI*, VII (1965), 267.

DI MARZO S., *Procedura criminale romana. Dalle origini alle XII Tavole*, Palermo 1898.

FEUERBACH A. R., *Lehrbuch des gemeinen in Deutschland gültigen peinlichen Rechts*, 1847.

FIANDACA G.-MUSCO E., *Diritto penale. Parte generale*[4], Bologna 2001.

FIORAVANTI M., *Appunti di storia delle costituzioni moderne*[2], Torino 1994.

FIORI R., *Homo sacer. Dinamica politico-costituzionale di una sanzione giuridico-religiosa*, Napoli 1996.

FÖGEN M.TH, *Storie di diritto romano. Origini ed evoluzione di un sistema sociale*, Bologna 2005.

FRANCIOSI G., *Il processo di libertà in diritto romano*, Napoli 1961.

GAROFALO L., *Appunti sul diritto criminale nella Roma monarchica repubblicana*, Padova 1990.

GIGLIO S., *La giurisdizione criminale dei senatori nel tardo occidente*, in *Labeo* XXXVIII (1992), 224-238.

GIOVANNINI A., *Il passaggio dalle istituzioni monarchiche alle istituzioni repubblicane*, in AA. VV., *Atti del convegno sul tema bilancio critico su Roma arcaica fra monarchia e repubblica*, Roma 1991, 75-96.

GRASSO P. G., *Il principio del nullum crimen sine lege nella costituzione italiana*, Milano 1972.

GUASTINI R., *L'interpretazione dei documenti normativi*, in *Trattato di diritto civile e commerciale*, Milano 2004.

GULINA G., *"Sacramentum" e "lex Calpurnia"*, in *Iura* LI (2000), 106-123.

JORI M.-PINTORE A., *Manuale di teoria generale del diritto*[2], Torino 1995.

LONGO G., *s.v. Lex Aeternia Tarpea*, in *NNDI* 9 (1963), 800.

MANCUSO G., *Profilo pubblicistico del diritto romano*, I, Catania 2002.

MANFREDINI A.D., *Tre leggi nel quadro della crisi del V secolo*, in *Labeo* 22 (1976).

MANTOVANI F., *Diritto penale*, Padova 2001.

MARINI G., *s.v. Nullum crimen sine lege*, in *ED* XVIII (1978).

MARINUCCI G.-DOLCINI E., *Manuale di diritto penale*, Milano 2003.

MARTINES T., *Diritto costituzionale*[8], Milano 1992.

NICOSIA G., *Lineamenti di storia della costituzione e del diritto di Roma*, I, Catania 1989.

NINO C.S., *Introduzione all'analisi del diritto*, Torino 1996.

ORESTANO R., *"Cognitio extra ordinem"*, in *Scritti*, II, Napoli 1998, 1033-1069.

ORESTANO R., *La "cognitio extra ordinem": una chimera*, in *Scritti*, III, Napoli 1998, 1831-1842.

PAGLIARO A., *Principi di diritto penale. Parte generale*, Milano 2003.

PERGAMI F., *Il processo criminale nella legislazione degli imperatori Valentiniano I e Valente*, in *Index*, XXV, 1997, 501-519.

PIAZZA M.P., *La disciplina del falso nel diritto romano*, Padova 1991.

ROTONDI G., *Leges publicae populi romani*, Milano 1912.

SANTALUCIA B., *"Accusatio" e "inquisitio" nel processo penale romano di età imperiale*, in *Atti del convegno "Processo civile e processo penale nell'esperienza giuridica del mondo antico"*, 1-9.

SANTALUCIA B., *Diritto e processo penale nell'antica Roma²*, Milano 1998.

SANTALUCIA B., *s.v. Processo penale*, in *ED* 36 (1987), 318-359.

SANTALUCIA B., *Studi di diritto penale romano*, Roma 1994.

SOLIDORO MARUOTTI L., *Profili storici del delitto politico*, Napoli 2002.

TERESI F., *Le istituzioni repubblicane*, Torino 2002.

VARVARO M., *Osservazioni sulla pretesa esistenza di una "legis actio per manus iniectionem" in relazione al "furtum manifestum"*, in AA. VV. *Studi per Giovanni Nicosia*, VIII (2007), 333-368.

VASSALLI G., *s.v. Nullum crimen sine lege*, in *NNDI* 11 (1965), 495-506.

VENTURINI C., *Il plebiscitum de multa Menenio dicenda*, in AA. VV., *Legge e società nella repubblica romana*, a cura di F. SERRAO, Napoli 1981.

VENTURINI C., *Processo penale e società politica nella Roma repubblicana*, Pisa 1996.

VENTURINI C., *Quaestiones perpetuae constitutae*, in *Iura* XLVIII (1997), 1-76.

INDICE DEGLI AUTORI CITATI

# INDICE DELLE FONTI CITATE

## I. FONTI GIURIDICHE

## II. FONTI LETTERARIE

III. FONTI EPIGRAFICHE

www.ingramcontent.com/pod-product-compliance
Lightning Source LLC
Chambersburg PA
CBHW051245170526
45165CB00004B/1578